Octavio Paz

Versiones de Oriente

Octavio Paz

Versiones de Oriente

Prólogo
de Alberto Ruy Sánchez

Galaxia Gutenberg

Edición al cuidado de Jordi Doce

Publicado por
Galaxia Gutenberg, S.L.
Av. Diagonal, 361, 2.º 1.ª
08037-Barcelona
info@galaxiagutenberg.com
www.galaxiagutenberg.com

Primera edición: abril de 2022

© de las traducciones, notas y comentarios: Herederos de Octavio Paz, 2022
© del prólogo: Alberto Ruy Sánchez, 2022
© Galaxia Gutenberg, S.L., 2022

Preimpresión: Maria Garcia
Diseño de colección: Albert Planas
Impresión y encuadernación: Romanyà-Valls
Pl. Verdaguer, 1 Capellades-Barcelona
Depósito legal: B 141-2022
ISBN: 978-84-18807-93-0

El viaje incesante de Octavio Paz

Para comprender el tipo de aventura que significaba para Octavio Paz cada traducción de un poema chino, japonés o indio, yo trataba de hablar con él del viaje a cada uno de esos países, en los casos en que lo hubiera, o del momento de su vida o de la emoción que había en ese impulso extraño de convertir poemas de lenguas que él no conocía en poemas vivos en la nuestra.

Me consta que la idea misma del viaje despertaba en él una curiosidad enorme. Cada vez que yo regresaba de alguno me pedía que le contara detalles, impresiones, historias, descripciones de personas y paisajes. Pero sobre todo quería siempre descubrir claves de otras culturas. O poner a prueba las que había vivido o leído. Unos años después escribiría que se nace con el deseo de viajar y que «no es enteramente humano aquel que no lo haya sentido alguna vez». Pero al mismo tiempo elogiaba los viajes que se hacen «con el cuerpo quieto, los ojos cerrados y la mente abierta». Se consideraba, ante todo, un gran viajero inmóvil.

Yo sabía que en varios casos, como en el de China, no había ido físicamente al lugar donde esos poemas habían sido escritos. Y que ese viaje quieto incluía una obsesiva investigación, que tampoco había sido hecha con motivación de sinólogo, de erudito o de políglota. ¿De qué naturaleza era entonces esa curiosidad de sensaciones y de saberes que lo movía hacia cada poema chino?

Octavio Paz escuchó atentamente mi pregunta sobre el ánimo detrás de sus traducciones orientales y, sin hacer aclaraciones sobre su idea del viaje o de la erudición, sabiendo que yo las conocía, me respondió, sorprendiéndome sin extrañarme: me contó de nuevo, con más detalle, aquella escena decisiva de su infancia en la que trepaba a la higuera en la casa del abuelo y desde lo alto, alejado de la agitación hogareña, navegaba mares imaginarios y leía en las estrellas otros mundos, otras vidas. El abuelo, apoyado en su bastón, lo buscaba inútilmente. La tía, que lo había iniciado a la lectura y a otras lenguas, lo miraba en silencio desde la ventana. Él jugaba pensativo a ser explorador de mares y continentes, concentrado en otra parte, trazando en voz baja su carta náutica y su mapa de descubrimientos. Orientado por una estrella que desde el mástil más alto de la higuera le indicaba el camino.

Había esa experiencia evidentemente lúdica en aquellos viajes imaginarios entre las ramas y las hojas movidas al viento. Pero había sobre todo, en el placer del juego, un ritual de asombros y de retos que muy pronto se iría convirtiendo en una experiencia poética: «Desde mis primeros versos infantiles, la poesía sería mi estrella fija».

Al placer de contemplar un cielo enrarecido y una batalla de nubes se añadiría la conmoción alegre de producir con palabras un placer equivalente. Es decir, una traducción de su visión en palabras cantantes. Pensar en sus primeros poemas como traducciones de cosas que contemplaba maravillado le abría la puerta a sentir plenamente, con espontaneidad y desenvoltura, el reto de traducir sus asombros ante otras culturas. Paz estaba de acuerdo con esa peculiar definición propuesta por Eliot Weinberger en su ensayo sobre Wang Wei: «La poesía es eso que vale la pena ser traducido».

La perfecta continuidad entre escribir poesía y traducirla de otras lenguas, incluso algunas que no conoce, tiene en Octavio Paz otra clave, además de la escena primordial de la revelación poética en la higuera. Ese momento en el que Paz distingue un cotidiano misterio en su necesidad de escribir poemas y surge la reflexión sobre la poesía; desde entonces, hermana inseparable de su creación. Pasará la vida formulando una poética, en varios libros que reuniría en el primer volumen de sus obras completas. Para él, en todo poema late una poética. No hay pasión sin idea y los autores que más le interesan serán una invitación a descubrir en las sensaciones, las ideas; y en el poema, una concepción del mundo y del acto de escribir.

Cada civilización tiene codificadas sus prácticas peculiares. Desde sus actos más elementales de supervivencia hasta los rituales más complejos. Hay reglas y métodos de convivencia que definen a esa civilización. La poesía forma parte de ellas. No hay civilización que no establezca una manera de hacer poesía y de integrarla a sus actos cotidianos o rituales.

Por lo tanto, enfrentarse a un poema chino, indio o japonés requiere, antes que nada, comprender a qué poética pertenece. ¿Y, sobre todo, qué lógica interna le da cuerpo? Toda traducción, desde la lengua que sea, implica para Octavio Paz una inmersión en las poéticas de esa cultura, de ese poeta, en ese poema. Una expedición de descubrimientos.

Así sería siempre su incesante viaje inmóvil hacia sus orientes. Su gran aventura. Multiplicada por el hecho de que en sus poemas chinos, japoneses o indios no sólo recorre territorios, sino que también viaja en el tiempo. Prácticamente cada poema traducido implica un arduo viaje intelectual hasta un sistema poético peculiar. Llevando esta idea al extremo, en cada poema traducido por Paz en este libro hay un oriente más o menos distinto. O, por lo menos, la llama viva de un oriente cuyo misterio el poeta, al traducirlo, pretende de nuevo poner a arder en la madera de su propia lengua.

En esta meticulosa invocación del fuego está implícita una tercera clave de sus traducciones de oriente: el oficio. El reto de traducción que representa cada poema oriental es a la vez un reto mayor para el poeta. Basta con ver las notas a algunos de los poemas. Y la incesante labor de reescritura que muchos de ellos gozaron o sufrieron. Una exploración de la materialidad y la técnica de la poesía.

Hay siempre en sus orientes un sano cuestionamiento de sus propios procedimientos creativos, que se ven enriquecidos sustancialmente por la materialidad de poemas extraños que él vuelve poemas propios y a la vez actuales.

Su oficio, además de abrirse a lo posible y descubrir nuevas formas, se amplia como concepción del mundo y modifica al poeta. No es tan sólo otra manera de escribir poesía, sino otra manera de existir en el mundo. Y esa es la cuarta clave de sus composiciones orientales. Una aventura espiritual transformadora.

Cada poema es a la vez la huella de un camino de transformación sustancial de un hombre y la aparición del cambio. Quien mejor conoce la aventura de Octavio Paz en la cultura de Japón, Aurelio Asiain, señala cómo lo impactó la idea de Basho de que la poesía es «una forma de conocimiento y una profesión de fe» y que «sólo pueden realizarse cabalmente a través de la exploración del mundo y el encuentro con los otros». Es decir, conocimiento en marcha. Una idea y una pasión que están presentes en *El mono gramático*.

Más extremo para Paz que el de China y el de Japón, el poder transformador de la India, junto con un encuentro amoroso decisivo, produjo en su obra y su vida una existencia distinta. Y su poética se transformó literalmente en un nuevo tipo de erótica, más sustancial, más ligada a las sensaciones y a la materia. Y a la conciencia acrecentada de su fugacidad.

El poeta recobra la realidad de este mundo a través de la persona amada. Si en sus poemas anteriores su poesía es erotismo en cuanto que es salida del mundo, encuentro y entrega a la otredad de la otra persona, a partir de la India el viajero inmóvil vive una nueva conciliación con el mundo, con su materialidad y con sus misterios. Sus procedimientos poéticos adquieren una nueva calma en la que el torbellino de innovación trabaja más adentro y más a fondo; viviendo su transformación constante sin la ansiedad de la única y última perfección. Toda traducción, como todo encuentro amoroso, es aceptada como algo felizmente interminable. En un segundo es plenitud, en otro es reto.

Un día quise saber si estaba de acuerdo con la idea de esa transformación radical de su poética en una erótica, y una vez que asintió, le pregunté cómo la podría sintetizar:

El encuentro con la India dio más densidad a mis palabras: se volvieron más grávidas y simultáneamente más lúcidas. Aprendí a nombrar la realidad cambiante del universo a través de la persona amada. Eso nos permite darnos cuenta de que el mundo, aunque es real, no es sólido. Está cambiando sin cesar. Este árbol que estoy viendo ahora no es siempre el mismo árbol. Está siempre a punto de caer, de disolverse y renacer en otro árbol que es idéntico al de hace un segundo, pero no es el mismo. Y eso pasa también conmigo y con las personas que me rodean. De pronto, el universo se me convirtió no solamente en una presencia, sino también en una interrogación. Esto es lo que quise decir en mis poemas. No sé si lo dije, pero fue lo que quise decir.

En los orientes de este poeta hay múltiples viajes de naturaleza muy diversa. El primero y último nos lleva de un poema de otra parte y otro tiempo al mismo poema convertido incesantemente en otro, en un poema de Octavio Paz, aquí y ahora.

ALBERTO RUY SÁNCHEZ

Versiones de Oriente

CHINA

Mujer

Qué amargo haber encarnado en mujer.
Nada más bajo en esta tierra.
Como a dios que escoge ser hombre
reciben al recién nacido:
¡va a desafiar los cuatro Océanos,
va a cabalgar mil millas contra las tempestades!
Nadie se alegra cuando nace una niña.
No ganará con *ella* fama la familia.
Crece escondida en su cuarto,
tiene miedo de mirar y ser mirada.
Se casa y nadie llora ese día
—nube negra que no revienta en lluvia.
Toda consentimiento, inclina la cabeza.
Sus dientes blancos muerden sus labios rojos.
Reverencias, genuflexiones,
humilde con los criados, sonríe a la concubina.
Su marido la ama desde su lejanía de Vía Láctea.
Primero, él era sol y ella girasol.
Ahora son como el agua y el fuego.
Su rostro es la escritura de los años.

Anda con otras su marido.
Fueron un día como el cuerpo y su sombra,
hoy son como los chinos y los hunos.
Pero chinos y hunos a veces se concilian.
Ellos, como Shen y Shang, al girar se separan.

Despedida

Desmonto. Mientras bebemos vino:
¿adónde irás? El mundo me ha engañado:
a mi colina del mediodía me vuelvo.
Ve, vete. No pregunto más:
nubes blancas sin fin, nubes.

Panorama del río Han

Sus tres brazos abrazan la tierra de Ch'u,
sus nueve afluentes mojan los muros de Ching.
Río tendido entre el cielo y la tierra,
el color de sus montes entre ser y no ser.
En el confín del cielo acuático
flotan las casas y sus hombres.
Fluir de días hermosos en Hsiang-yang:
¡ebrio con Shan Chien en pleno campo!

Al prefecto Chang

Mi otoño: entro en la calma,
lejos el mundo y sus peleas.
No más afán que regresar,
desaprender entre los árboles.
El viento del pinar abre mi capa,
mi flauta saluda a la luna serrana.
Preguntas, ¿qué leyes rigen «éxito» y «fracaso»?
Cantos de pescadores flotan en la ensenada.

Montes de Chungnan

Cordillera de Chungnan: desde la capital,
cerro tras cerro, hasta el borde del mar.
Las nubes: si me vuelvo, contra mí se cierran;
la niebla turquesa: si entro en ella, se disipa.
En el pico central cambian las direcciones:
diferente la luz, diferente la sombra en cada valle.
Por no pasar la noche al raso, llamo a un leñador:
salta mi grito a través del torrente.

En la ermita del Parque de los Venados

No se ve gente en este monte,
sólo se oyen, lejos, voces.
Bosque profundo. Luz poniente:
alumbra el musgo y, verde, asciende.

Ascensión

El caserío anidó en el acantilado.
Entre nubes y nieblas la posada:
atalaya para ver la caída del sol.
Abajo el agua repite montes ocres.
Se encienden las casas de los pescadores.
Un bote solo, anclado. Los pájaros regresan.
Soledad grande. Se apagan cielo y tierra.
En calma, frente a frente, el ancho río y el hombre.

Adiós a Yüan, enviado a Ans-hsi

En Wei. Lluvia ligera moja el polvo ligero.
En el mesón los sauces verdes aún más verdes.
—Oye, amigo, bebamos otra copa,
pasado el Paso Yang no hay «oye, amigo».

Amarre nocturno

Una cala en el río del Oeste.
El cielo azul aún. Ni el jirón de una nube.
La cubierta inundada por la luna.
Los tiempos de antes: Hsieh, gran general.
Yo le hubiera leído este poema.
Otros leyó, no míos. Hoy es sombra entre sombras.
Filo de luz: el alba. Leve viento: zarpamos.
Silenciosas caían las hojas de los arces.

Salida de Poi-ti

Al alba dejo Poi-ti, alto entre arreboles:
he de llegar abajo, hasta Kia-ling, antes de que pardee.
Entre los farallones chillar sin fin de monos.
Diez mil rabiones desciende mi chalupa.

Pregunta y respuesta

¿Por qué vivo en la colina verde-jade?
Río y no respondo. Mi corazón sereno:
flor de durazno que arrastra la corriente.
No el mundo de los hombres,
bajo otro cielo vivo, en otra tierra.

Unas ruinas en Yueh

Wu derrotado, el rey regresó en triunfo.
Se cubrieron de seda sus guerreros,
las señoras en flor volvieron primavera
patios que cruzan hoy perdices incoloras.

Ante el monte Ching-t'ing

Pájaros que se pierden en la altura.
Pasa una nube, quieta, a la deriva.

Solos y frente a frente, el monte y yo
no nos hemos cansado de mirarnos.

El santuario de la cumbre

La cumbre, el monasterio.
Ya es noche. Alzo la mano
y toco a las estrellas.
Hablo en voz baja: temo
que se despierte el cielo.

Escrito en el muro de la ermita de Chang

Es primavera en las montañas.
Vine sólo en tu busca.
Entre las crestas silenciosas
el eco de las hachas: talan árboles.
Los arroyos helados todavía.
Hay nieve en el sendero.
Bajo un sol indeciso
llego a tu choza, entre dos rocas
colgada. Nada pides, nada esperas.
No ves siquiera el halo que te envuelve,
vaga luz oro y plata. Manso
como los ciervos que has domado.
¡Olvidar el camino de regreso,
ser como tú, flotar,
barca sin remo, a la deriva!

Alba de invierno

Hombres y bestias del zodíaco
una vez más contra nosotros.
Verdes botellas de vino, rojas conchas de langosta,
todas vacías, se apilan en la mesa.
«¿Cómo olvidar a un viejo conocido?».
Y cada uno, sentado, escucha sus propios pensamientos.
Fuera, chirrían las ruedas de los carros.
En el alero los pájaros despiertan.
En otra alba de invierno, pronto,
he de enfrentarme a mis cuarenta años.
Me empujan duros, tercos instantes,
doblado hacia la sombra larga del crepúsculo.
La vida gira y pasa, borracho fuego fatuo.

En la tormenta

Viejos fantasmas, nuevos.
Zozobra, llanto, nadie.
Envejecido, roto,
para mí solo canto.
Andrajos de neblina

cubren la noche, a trechos.
Contra la nieve, el viento.
Mi copa derramada;
mi botella, vacía;
ceniza, el fuego. El hombre
ya no habla: susurra:
¿a quién decir mi canto?

Primavera cautiva

El imperio se ha roto, quedan montes y ríos;
marzo, verde marea, cubre calles y plazas.

Dureza de estas horas: lágrimas en las flores,
los vuelos de los pájaros dibujan despedidas.

Hablan torres y almenas el lenguaje del fuego,
oro molido el precio de una carta a mi gente.

Me rasco la cabeza, cano y ralo mi pelo
ya no detiene el tenue alfiler del bonete.

Viajando hacia el norte

Entre el moral que amarillea
una lechuza grita. Ratas escurridizas
buscan sus madrigueras. Medianoche.
Un viejo campo de batalla.
La luna brilla, fría, sobre los huesos mondos.

Al letrado Wei Pa

A Jaime García Terrés

Arriba Shen y Shang giran sin encontrarse:
como las dos estrellas pasamos nuestras vidas.
Noche de noches, larga y nuestra, sea esta noche:
nos alumbra la mansa luz de la misma lámpara.
Miro tus sienes, miras las mías: ya cenizas.
Los años de los hombres son rápidos y pocos.
Brotan nombres amigos: la mitad son espectros.
La pena es alevosa: quema y hiela la entraña.
Veinte años anduve por el mundo inconstante;
ahora, sin pensarlo, subo tus escaleras.
Cuando nos separamos eras aún soltero;

hoy me rodea un vivo círculo risüeño.
Todos, ante el antiguo amigo de su padre,
se aguzan en preguntas: ¿de dónde, cuándo, adónde?
Preguntas y respuestas brillan y se disipan:
tus hijos han traído los cántaros de vino,
arroz inmaculado, mijo color de sol
y cebollas cortadas en la lluvia nocturna.
Hay que regar, me dices, con vino nuestro encuentro.
Sin respirar bebemos las copas rebosantes
diez veces y otras diez y no nos dobla el vino.
Nuestra amistad lo vence: es un alcohol más fuerte.
Mañana, entre nosotros –altas, infranqueables–,
se alzarán las montañas. Y el tráfago del mundo.

A la orilla del río

Pétalos en el aire,
desvanecida primavera.
Diez mil átomos de pena también vuelan.
Miro marchitarse a las últimas flores.
Alivio mi tristeza con vino.
Copula una pareja de martín-pescadores
en el arroyo, al pie del pabellón en ruinas.
Unicornios de piedra, macho y hembra,

guardan la tumba a la entrada del parque.
Todas las criaturas cumplen su propia ley,
fieles a sus instintos: ¿por qué dejé
que la ambición mundana me apartara de mí?

A Pi-Su-Yao

Tenemos talento.
La gente dice que somos los poetas más notables de
    estos días.
Nuestras casas son pobres, trivial nuestro renombre.
Mal comidos, mal vestidos, los criados nos miran
    desde arriba.
En el mediodía de nuestra edad tenemos arrugas.
¿A quién le importa, qué sabe nadie de lo que nos pasa?
Somos nuestra propia audiencia.
Sólo nosotros sabemos lo que somos.
Un día, junto a los poemas de los grandes muertos,
    alguien leerá los nuestros.
Al menos tendremos descendientes.

Paisaje

Otoño transparente.
Mis ojos vagan en el espacio sin fin.
Tiembla el horizonte, olas de claridad.
Lejos, el río desemboca en el cielo.
Sube el humo de la ciudad distante.
El viento se lleva las últimas hojas.
Una grulla perdida busca nido.
Los árboles están cargados de cuervos.

Después de la lluvia

Otoño, las nubes incendian el horizonte.
El viento del oeste lo gobierna todo.
Tras la larga noche de lluvia
salen los campesinos al fino aire del alba.
Los árboles del desierto dejan caer sus pocas hojas.
Las peras silvestres son pequeñas mas jugosas.
Alguien toca una flauta tártara a la entrada del pueblo.
Un pato salvaje cruza el cielo vacío.

Luna llena

Solitaria, la luna llena
suspendida sobre la casa al borde del río.
Bajo el puente corre el agua nocturna y reluce.
Está vivo el oro derramado en el río.
Mi cobertor brilla más que seda preciosa.
El círculo sin mácula.
Las montañas calladas, sin nadie.
La luna gira entre las constelaciones.
Un pino deja caer dos piñas en el viejo jardín.
Florece un árbol.
La misma gloria baña diez mil leguas.

Civilización

Tres mil leguas contadas, rumbo hacia el sudoeste,
se juntan Yuan y Hsiang, dos ríos poderosos.
Hondo el lago, los montes altos.
Gente de corazones inocentes:
se ríen como niños, por los árboles trepan.
Con las manos atrapan pescados de agua dulce.
Los placeres de pájaros y bestias sus placeres.
No castigan sus cuerpos, no niegan sus deseos.
Fatigué en mis andanzas las cuatro direcciones,
nadie en los Nueve Reinos vive como ellos viven.
Perplejo me detengo devanando mis dudas.
¿Qué han hecho de nosotros los Sabios y los Santos?

Un árbol seco

Un árbol sin renuevos, sin follajes;
no lo injurian heladas ni ventiscas.
Su panza es cueva donde cabe un hombre,
es un manto de hormigas su corteza.
No lo visitan pájaros: su huésped
es el moho que dura una mañana.
Pero su leña es llama que habla en lenguas
y es santa vacuidad su tronco hueco.

La palangana

A Claude Roy

Ser viejo es regresar y yo he vuelto a ser niño.
Eché un poco de agua en una palangana

y oí toda la noche el croar de las ranas
como, cuando muchacho, pescaba yo en Fang-Kuo.

Palangana de barro, estanque verdadero:
el renuevo del loto es ya una flor completa.
No olvides visitarme una tarde de lluvia:
oirás, sobre las hojas, el chaschás de las gotas.

O ven una mañana: mirarás en las aguas
peces como burbujas que avanzan en escuadra,
bichos tan diminutos que carecen de nombre.
Un instante aparecen y otro desaparecen.

Un rumor en las sombras, círculo verdinegro,
inventa rocas, yerbas y unas aguas dormidas.
Una noche cualquiera ven a verlas conmigo,
vas a oír a las ranas, vas a oír al silencio.

Toda la paz del cielo cabe en mi palangana.
Pero, si lo deseo, provoco un oleaje.
Cuando la noche crece y se ha ido la luna,
¡cuántas estrellas bajan a nadar en sus aguas!

Tal cual

En la teosofía de la luz
la lógica universal ya no es
sino el cuerpo muerto de un ángel.
¿Qué es substancia?
                    Aquello
que come y bebe el ángel nuestro.
El alcanfor es el incienso perfecto:
sus llamas no dejan cenizas.

[Todas las substancias...]

Todas las substancias carecen de substancia:
demorarse en la vacuidad es salir de ella.
Para comprender a la Palabra, olvídala al decirla;
contar tu sueño mientras sueñas: vacuidad de vacuidad.
¿Cómo esperar que dé frutos la flor de aire?
¿Cómo pescar en el agua del miraje?

39

Dhyana: supresión del acto –pero *Dyhana* es un *acto*.
Lo que de veras *es* no es ni *Dhyana* ni *acto*.

[Una flor...]

Una flor –y no es flor.
Un vaho –y no es vaho.
A medianoche llega,
se va al romper el alba.
Viene como sueño de primavera
y como sueño se disipa.
Se va sin dejar huella
como el rocío por la mañana.

DEMONIO DE LA COLINA DEL TIGRE
[Anónimo, Siglo VIII]

Inscripción
*En 778 aparecieron estos versos sobre el muro
de piedra del Templo de la Colina del Tigre*

No soy sino un alma vagabunda:
no pude convertirme en espíritu inmortal.
Para mí no aparece el claro sol:
los pinos verdes son mi pórtico.
Encerrado bajo un montón de tierra
no dejo de pensar en los míos.
¿Cómo matar mi pena, mis remordimientos?
Todo lo que ha nacido vuelve a su origen.
Anuncio a los vivos esta verdad:
no nos sacian las ofrendas de vino.
Que los que tienen cuerpo piensen en los huesos:
honor y gozo son palabras huecas.

Canción de Long-Si

Juraron acabar con los hunos, costase lo que costase.
Con sus abrigos de piel cinco mil cayeron en el llano.
Esos huesos anónimos que blanquean los bordes del
    río
todavía tienen forma de hombres en los sueños de sus
    mujeres.

Nevada

Nevó en Valle del Sur —una vista sin par.
Hinqué la espuela —nadie en la senda— breñas, broza
—me adelanté a la madrugada —crucé el primero
el puente almagro —vi techumbres desfondadas,
labriegos arruinados, su hambre desoída.
Lo que sentí lo sabe el cuervo crepuscular:
hasta la punta vuela del árbol descarnado,
se posa y una lluvia desata de carámbanos.

Tinta derramada

Nubes —tinta que borra a medias las colinas.
Lluvia blanca —el granizo rebota en la cubierta.
Un ventarrón terrestre barre con todo y se va.
Al pie de la torre el agua se ha vuelto cielo.

Paseo en el río

El claro viento –¿qué es?
Algo para amar, no para ser nombrado.
Pasa como un príncipe
entre los elogios de los árboles.
Dejemos que la barca nos conduzca,
¡vamos a ninguna parte!
Tendido boca arriba, saludo
a la brisa que anda por ahí,
bebo a la salud del espacio.
Ni ella ni él piensan en mí
–qué bueno: yo tampoco. Anochece:
nubes brillantes sobre aguas luminosas.

Noche en barco

Débil viento entre juncos y espadañas. ¿Llueve?
Abro la escotilla: la luna ha inundado al lago.
Marineros y pájaros acuáticos sueñan el mismo sueño.
Como un zorro sorprendido salta un gran pez.
Hombres y bestias: unos a otros se olvidan.
Ya es tarde. Yo juego a solas con mi sombra.

Olas negras contra los bordos: dibujos de gusanos.
Araña colgante –es la luna atrapada en un sauce.
Pasa la vida rápida –no la deja la pena.
Veo este instante que se desvanece.
Canta un gallo. Campanas y tambores en la orilla.
Un grito y otro y otro. Cien pájaros de pronto.

Begonias

Viento del este, suave.
Rayo de luz que flota
entre perfumes densos:
salta por el balcón,
en persona, la luna.
Se adormecen las flores.
Larga contemplación:
a la luz de la vela
su belleza es más roja.

Flor pintada
Otra lectura del mismo poema

Viento del este, suave.
Rayo de luz que flota
entre perfumes densos:
salta por el balcón,
en persona, la luna.
La muchacha se duerme.
Contemplo largamente
a la luz de la vela
su pintada belleza.

[No me avergüenza...]

No me avergüenza, a mis años, ponerme una flor en
el pelo.
La avergonzada es la flor coronando la cabeza de un
viejo.
La gente se ríe al verme regresar borracho apoyado en
un amigo.
Miles de *li* de elegantes persianas alzadas a medias me
miran pasar.

Pensando en su mujer muerta

Diez años: cada día más lejos,
cada día más borrosos, la muerta y el vivo.
No es que quiera recordar: no puedo olvidar.
A miles de *li* su tumba sola.
Pensamientos de ella, hacia ella: sin ella.
Si volviésemos a encontrarnos,
no me reconocerías:
el pelo blanco,
la cara del polvo mi cara.

Anoche soñé que regresaba a casa.
Te veía a través de la ventana de tu cuarto.
Te peinabas y me veías, pero no hablabas.
Nos mirábamos, llorando.
Yo sé el lugar donde se rompe mi corazón:
la cima de cipreses bajo la luna.

[Más claro el vino…]

Más claro el vino, más fácil beber dos copas.
La capa más delgada, mejor para doblarla.

Belleza y fealdad se oponen, el vino las asemeja.

Esposa celosa y querida peleona, la vejez las iguala.

Escucha a la cordura: escóndete si quieres ser tú mismo,
evita la Sala Imperial de las Audiencias, la Cámara del
    Este,
el polvo de los años, el viento del Paso del Norte.

Cien años son muchos años, pero también se acaban:
¿qué más da ser cadáver rico, cadáver pobre?

Joyas de perla y jade en la boca de los muertos ilustres:
dentro de mil años serán más ricos los ladrones de
    tumbas.

La poesía, única recompensa del poeta,
es la poesía que aburre al necio ávido de honores.

El justo es el peor enemigo de sí mismo.

El vino es la mejor recompensa del mérito.

Bien y Mal, Pena y Alegría: rostros de la vacuidad.

El miraje marino
Refundición

Hacia el este, nubes y mar: un vacío sobre otro vacío.

¿Y los inmortales van y vienen por esta vacuidad
    luminosa?

Aunque todas las formas nacen del oleaje de este mundo
   flotante,
en vano aguardo la aparición:
no hay puertas de cauri que se cierren sobre palacios
   de perla.
Lo sé: la visión es quimérica.
Pero mis ojos quieren ver esa invención de dioses.
Día frío, mar helado, aunque cielo y tierra reposan,
concededme la gracia ¡y que despierten vuestros
   dragones!
No fue rechazada mi abrupta plegaria:
torres sobre la orilla, colinas verdiazules en el alba de
   escarcha,
¡el miraje, la maravilla que pasmó a los viejos!

Ahora: sol tardío, un pájaro perdido en el espacio.
Frente a mí la masa verde: un bruñido espejo de bronce.
¿Para qué este nuevo poema de palabras entretejidas
que también, como todo, disipa el soplo del este?

Cuatro poemas sobre la pintura

CUANDO YU-K'O PINTA...

Cuando Yu-k'o pinta bambúes
todo es bambú, nadie es gente.
¿Dije que no ve a la gente?
Tampoco se ve a sí mismo:
absorto, bambú se vuelve,
un bambú que crece y crece.
Ido Chuang-tse, ¿quién otro tiene
este poder de irse sin moverse?

SOBRE LA PINTURA DE UNA RAMA FLORIDA (PRIMAVERA PRECOZ) DEL SECRETARIO WANG

¿Quién dice que la pintura debe parecerse a la realidad?
El que lo dice la mira con ojos sin entendimiento.
¿Quién dice que el poema debe tener un tema?
El que lo dice pierde la poesía del poema.
Pintura y poesía tienen el mismo fin:
frescura límpida, arte más allá del arte.

Los gorriones de Pien Luen pían en el papel,
las flores de Chao Ch'ang palpitan y huelen,
¿pero qué son al lado de estos rollos,
pensamientos-líneas, manchas-espíritus?
¡Quién hubiera pensado que un puntito rojo
provocaría el estallido de una primavera!

SOBRE UNA PINTURA DE LI SHIH-NAN

Serpea por el prado. En sus márgenes todavía
estragos de la crecida. Claros en las arboledas:
las raíces quemadas por la helada asoman, oblicuas.
Un botecito de un solo remo –¿adónde va?
Al sur del río, a un pueblo de hojas amarillas.

POEMA ESCRITO SOBRE UNA PINTURA
DE WANG CHIN-CH'ING

Flotan, grises y verdes, sobre el pecho del río:
¿son montes o son nubes? De lejos no se sabe.
Pero las nubes pasan, se dispersan las nieblas,

aparecen montañas, colinas, arboledas.
Por riscos verdinegros cien cascadas bullentes.
Se cuelan por los bosques, saltan entre las peñas,
son de jade y serpean, torrentes son espuma,
blancas se precipitan entre verdes abismos.
Al llegar a los llanos, los rápidos se juntan
en las aguas pacíficas del río poderoso.
Un puentecillo lleva a una posada rústica,
asida a un farallón. Ir y venir de gente
bajo los quietos árboles. Una motita allá,
donde el azul del río se ha vuelto azul del cielo:
una barca en lo inmenso perdida…
                                    Tus pinceles
reviven estas vistas y al mirarlas deseo
un pedazo de tierra, un pedazo de cielo.

Pasé en Wang Cheng tres años: primaveras airosas,
las aguas encrespadas, sereno el firmamento;
del monte a la llanura bajan, de lluvia grávidas,
las tribus de las nubes, nómadas del verano;
en el otoño límpido, los vuelos de los cuervos
de los arces en llamas a las barcas dormidas;
mediodías de invierno: sobre el mundo en letargo
la sacudida nieve de los pinos enhiestos.
También son de este mundo, no sólo de inmortales,
Wu-ling y la corriente con la flor de durazno.
Valles, colinas, ríos: soledad que no pesa;

conozco sus senderos, pero me quedo aquí.
Me llama la ciudad, polvo soy de su polvo.
Devuelvo tu pintura y suspiro tres veces.

LI CH'ING-CHAO

I

¿Quién plantaría, bajo mi ventana, este plátano?
Sus sombras cubren el patio.
Sus sombras cubren el patio.
Tercera vela; oigo, bajo mi almohada, el bisbiseo,
la incesante llovizna.
Cae, gota a gota, cae sin respiro.
Cae.
    No me levanto ni la escucho:
me acompaña mi pena.

2

El kiosco y el riachuelo.
El placer compartido. Corrió el vino.
Ebrios y ya saciados, extraviamos el rumbo.
Nuestra barca flotando en la corriente,

apresada de pronto por racimos de lotos.
Remamos y remamos.
Vasto rumor de alas: airones y gaviotas,
su sueño interrumpido, volaban en la orilla.

3

El viento cede.
Fragancia de pétalos caídos hace poco.
El vaho de la tierra.
Avanza la mañana y me cansa peinarme.
Todo está igual, pero él se ha ido
y todo está vacío.
Las palabras traicionan: habla mejor el llanto.

Dicen que en Dos Arroyos todavía
la primavera es primavera.
¡Flotar allá, mecida por las aguas!
Pero con tanta pena
mi frágil barco se hundiría.

Se disipa el aroma del loto rojo.
La estera, fría, huele a otoño.
Abro mi vestido y, sola, salto en la barca.
¿Quién me envía un mensaje, allá entre las nubes?

Una escuadra de patos salvajes
traza en el cielo signos ilegibles.

La luna inunda la torre del oeste.
Han de caer los pétalos,
ha de correr el agua infatigable.
Dos soledades: un mismo sentimiento
nos une y nos separa.

Quisiera no pensar en todo esto y es inútil:
mi cabeza vacía, mi corazón henchido.

Anoche, por el vino, me despeiné ya tarde.
En el ramo, ya secos, pétalos de ciruelo.

Sueño de primavera, roto
por el sabor del vino: despierto a mi presente.

La luna, arriba, quieta.
Cierran las alas las cortinas... Y sin embargo
yo todavía rozo estos pétalos caídos,
todavía me envuelve este perfume
que no acaba de irse
y toco este momento todavía.

Labios rojos pintados

Lánguida, salta del columpio
y contempla sus manos delicadas.
Flor que envuelve el rocío, el sudor humedece
–una apenas neblina– su ligera camisa.

Un visitante llega y ella, azorada, corre
–las medias arrugadas, tres horquillas perdidas–,
vuelve y al entornar la puerta, curiosa,
mientras huele un membrillo verde, atisba.

Al norte del Gobi

Si hielo y escarcha se juntan y son crueles
se echan a andar en busca del agua y de la hierba.
Cazan con flechas, pescan, talan árboles.
Caballos, vino, té: como nosotros.
Diferentes: camellos, pellizas, brocados.
Son gente fornida y de ojos azules.
Leen las líneas de izquierda a derecha.

JAPÓN

Tanka y haikú

Aunque la forma de la poesía clásica es el poema breve (tanka o waka), compuesto de cinco líneas de cinco y siete sílabas (5-7-5/7-7), en la primera antología poética, Manyoshu, *recopilada a fines del siglo* VIII, *aparecen poemas relativamente más largos, llamados* naga uta o choka. *La combinación métrica básica es la misma: versos de cinco y siete sílabas, no rimados pero ricos en paranomasias, onomatopeyas y juegos de palabras. Son justamente célebres los* naga uta *de Hitomaro, un gran poeta sin duda. Hitomaro es un* kasei, *un poeta deificado.*

O. P.

•

Bahía de Iwami,
por el cabo de Kara:
entre las peñas sumergidas
crece el alga *miru*

y la brillante liana acuática
a las rocas se enlaza.
Mi mujer,
como la liana a la piedra,
dormía abrazada a mí.
Dormía mi mujer
y yo la amaba
con un amor profundo
de alga *miru*.
Dormimos pocas noches:
como la viña al muro
nos arrancaron.
Me dolió el cuerpo,
me dolió el alma.
Al irme, volví los ojos:
el otoño de hojas quemadas
girando entre los valles
no me dejaba verla.
Como la luna
por una nube rota
se va a pique,
entre mis pensamientos
se iba mi mujer.
Y yo me iba
como se hunde el sol
entre los montes.
Creía que era valiente:

las mangas de mi traje
están mojadas por mi llanto.

Kakinomoto Hitomaro

●

¿A qué comparo
la vida en este mundo?
Barca de remos
que en la mañana blanca
se va sin dejar traza.

El monje Manzei [*Manyoshu*]

●

Aquella luna
de aquella primavera
no es esta ni es
la misma primavera.
Sólo yo soy el mismo.

Siempre lo supe:
el camino sin nadie
es el de todos.
Pero yo nunca supe
que hoy lo caminaría.

Ariwara no Narihira

•

Río Minano:
desde el monte Tsukuba
cae y se junta,
profundo. Así mi amor
se ha vuelto un agua honda.

Ex emperador Yozei

•

Cresta de ola
inmóvil, congelada
en pleno viento:

la garza apareció
en la boca del río.

Emperador Uda

•

Si hay agua quieta
en el corazón mismo
del remolino,
¿por qué en ti, torbellino,
no puedo dormir nunca?

Anónimo [antología *Kokinshu*, siglo x]

•

Perdí mi rumbo,
los llanos del otoño
fueron mi casa.
Insecto de la espera
taladrando el espacio.

Anónimo [antología *Kokinshu*]

•

¿El mundo
siempre fue así
o ahora
se ha vuelto
sólo por mí tan triste?

Anónimo [antología *Kokinshu*]

●

Entre las nubes,
las alas enlazadas,
patos salvajes.
Es tan clara la luna
que podemos contarlos.

Anónimo [antología *Kokinshu*]

●

Ha de volver
este tiempo, lo sé.
Mas para mí,
que no he de volver,
es único este día.

Luna en el agua
recogida en la concha
de una mano:
¿es real, irreal?
Eso fui yo en el mundo.

Ki no Tsurayuki

•

Que todavía
se quede largo rato
yo no lo creo.
Breve noche de amantes:
siempre noche de otoño.

En la colina
el sol se clava, fiero.
Roncas cigarras.
Nadie me llama, sólo
el viento, él solo. Nadie.

¿Es sueño
o es real este mundo?
¿Puedo saber
qué es real, qué es sueño,
yo que ya no soy yo?

Hierba, me arranca
la desdicha. Yo floto
ya sin raíces.
¡Siguiera al remolino
si me hiciese una seña!

Ono no Komachi

•

Su color cambian
los árboles, las yerbas.
Para las olas
–instantáneas flores
del mar– nunca hay otoño.

Bunya Yasukide

•

De la negrura
por un camino negro
a la negrura.
Entre los montes, lejos,
¡brille la luna sola!

Izumi Shikibu

•

Del pino aquel,
ahora, en Takekuma,
ni una traza.
¿Desde que vine habrán
pasado ya mil años?

Noin Hoshi

•

La carta, escrita
con una apenas tinta,
mírala allá.

En el cielo brumoso
ya las ocas regresan.

Tsumori Kunimoto

●

Toda la noche
amotina las olas
el viento en cólera.
Y los pinos chorrean
húmeda luz de luna.

El sauce tiembla
en el agua corriente.
Bajo su sombra
–rumores y reflejos–
un momento reposo.

Todas las cosas
cambian –todos los días,
todas las noches.

Pero la luna arriba:
siempre la misma luz.

Si yo no creo
que lo real sea
real,
        ¿cómo creer
que son sueño los sueños?

El monje Saigyo

●

Tarde de plomo.
En la playa te espero
y tú no llegas.
Como el agua que hierve
bajo el sol –así ardo.

Fujiwara no Sadaie

●

A la luz poca
del convulso relámpago
cuento las gotas
de la lluvia cayendo
sobre las hojas negras.

Reize Tamehide

•

Luna de estío:
si le pones un mango,
¡un abanico!

Yamazaki Sokán

•

Noche de estío:
el sol alto despierto,
cierro los párpados.

Arakida Moritake

•

Año del tigre:
niebla de primavera
¡también rayada!

Matsunaga Teitoku

•

Lluvia de mayo:
es hoja de papel
el mundo entero.

Nishiyama Soin

•

Carranca acerba:
su gaznate hidrópico
la rata engaña.

Narciso y biombo
uno al otro ilumina,
blanco en lo blanco.

Un viejo estanque:
salta una rana ¡zas!
chapaleteo.

Tregua de vidrio:
el son de la cigarra
taladra rocas.

(Otra versión)

Quietud:
los cantos de la cigarra
penetran en las rocas.

El mar ya obscuro:
los gritos de los patos
apenas blancos.

Bajo las abiertas campánulas
comemos nuestra comida,
nosotros que sólo somos hombres.

Es primavera:
la colina sin nombre
entre la niebla.

Cerezos: nubes
en flor –y las campanas
¿Uedo, Asakura?

A caballo en el campo,
y de pronto, detente:
¡el ruiseñor!

Quedó plantado
el arrozal cuando le dije
adiós al sauce.

Hierba de estío:
combates de los héroes,
menos que un sueño.

¡Qué cortesía!
Hasta la nieve es fragante
en Minamidani.

Picos de nubes
sobre el monte lunar:
hechos, deshechos.

(Otra versión)

Monte de nubes
negras de pronto rotas
¡luna en el monte!

Río Mogami:
tomas al sol y al mar
lo precipitas.

Tendido fluye
del mar bravo a la isla:
río de estrellas.

Bajo un mismo techo
durmieron las cortesanas,
la luna y el trébol.

(Otra versión)

Monje y rameras
alberga el mismo techo:
trébol y luna.

Óyelo, tumba:
el viento del otoño
habla –si hablo.

Arde el sol, arde
sin piedad –mas el viento
es del otoño.

El nombre es leve:
viento entre pinos, tréboles,
viento entre juncos.

¡Qué irrisión!
Bajo el yelmo del héroe
un grillo canta.

Viento de otoño:
más blanco que tus piedras,
Monte de Rocas.

Antes de irme,
¿barro el jardín hojoso,
sauces pelados?

Este camino
nadie ya lo recorre,
salvo el crepúsculo.

Un relámpago
y el grito de la garza,
hondo en lo obscuro.

Caído en el viaje:
mis sueños en el llano
dan vueltas y vueltas.

Admirable
–no dice, ante el relámpago,
la vida huye...

Matsuo Basho

•

¡Ah, el mendigo!
El verano lo viste
de tierra y cielo.

El niño ciego,
guiado por su madre,
frente al cerezo en flor.

Enamoto Kikaku

•

Cima de la peña:
allí también hay otro
huésped de la luna.

Mukai Kyorai

•

Ando y ando.
Si he de caer, que sea
entre los tréboles.

Kawai Sora

•

Contra la noche
la luna azules pinos
pinta de luna.

El Año Nuevo:
clarea y los gorriones
cuentan sus cuentos.

Hattori Ransetsu

•

Llovizna: plática
de la capa de paja
y la sombrilla.

Ante este blanco
crisantemo, las mismas
tijeras dudan.

Árbol en flor.
Ella lee la carta
bajo la luna.

Dama de noche:
en su perfume esconde
su blancura.

Guardián de frutos
–pero sin arco y flechas:
¡espantapájaros!

Yosa Buson

●

No hablan palabra
el anfitrión, el huésped
y el crisantemo.

Cae el carbón,
cae en el carbón:
anochecer.

Vuelvo irritado
–mas luego, en el jardín:
el joven sauce.

Oshima Ryota

•

Para el mosquito
también la noche es larga,
larga y sola.

Mi pueblo: todo
lo que me sale al paso
se vuelve zarza.

En esa cara
hay algo, hay algo... ¿qué?
Ah, sí, la víbora.

Al Fuji subes
despacio –pero subes,
caracolito.

Miro en tus ojos,
caballito del diablo,
montes lejanos.

Maravilloso:
ver entre las rendijas
la Vía Láctea.

Luna montañesa:
también iluminas
al ladrón de flores.

Kobayashi Issa

●

Se llevó todo
el ladrón –todo
menos la luna.

El monje Ryokan

•

Ah, si me vuelvo,
ese pasante ya
no es sino bruma.

Agonizante,
la cigarra en otoño
canta más fuerte.

Masaoka Shiki

•

Viento de otoño:
todo lo que hoy veo
es haikú.

La serpiente:
sobre el césped, los ojos
que la miraron.

Takahama Kyoshi

INDIA

Epigramas

1
Las dos vías

¿Para qué toda esta hueca palabrería?
Sólo dos mundos valen la devoción de un hombre:
la juventud de una mujer de pechos generosos,
inflamada por el vino del ardiente deseo,
o la selva del anacoreta.

Bhartrihari

2
Amor

Admira el arte del arquero:
no toca el cuerpo y rompe corazones.

3
Aparición en el arroyo

Sacude la melena
y entre el desorden de sus rizos
brillan límpidas gotas.
Cruza los brazos y comprueba
la novedad creciente de sus senos.
A sus muslos se pega, translúcida, una tela.
Levemente se inclina, lanzando una mirada,
y sale de las aguas a la orilla.

4
Primera cita

El deseo la empuja hacia el encuentro,
la retiene el recelo; entre contrarios,
estandarte de seda, quieta, ondea
y se pliega y despliega contra el viento.

Kalidasa

5
La nueva ciudadela

Hacia arriba, apenas una línea,
asciende y brilla el *romavali*,
asta de la bandera que ha plantado
el amor en su nueva ciudadela.

Ladahacandra

6
La lámpara ruborosa

La lámpara de amor ya alcanzaba el *nirvana*
pero quiso mirar lo que esos dos harían
a la hora del acto: curiosa, estiró el cuello
y, al ver lo que veía, exhaló un humo negro.

7
Confidencia: confusión

Al lado de la cama
el nudo se deshizo por sí solo
y apenas detenido por la faja
se deslizó el vestido hasta mis ancas.
Querida, no sé más: llegué a sus brazos
y no recuerdo ya quién era quién,
lo que hicimos ni cómo.

¿Vikatanitamba? ¿Amaru?

8
Ecuación

Si las ajorcas del tobillo callan,
aretes y collares tintinean;
si se fatiga el hombre,
su pareja, briosa, lo releva.

9
Sus pechos

Dos monarcas hermanos, iguales en nobleza,
en la misma eminencia se miran, lado a lado,
soberanos de vastas provincias que han ganado,
en guerras fronterizas, desafiante dureza.

Bhavakadevi

10
El tallo

El *romavali*, tallo firme, sostiene,
altos, dos lotos: sus senos apretados,
casa de dos abejas: sus pezones obscuros.
Estas flores delatan el tesoro
bajo el monte del pubis escondido.

11
Arriba y abajo

Todavía hoy recuerdo sus aretes de oro,
círculos de fulgores, rozando sus mejillas
–¡era tanto su ardor al cambiar posiciones!–,
mientras que su meneo, rítmico en el comienzo,
al galope después, en perlas convertía
las gotas de sudor que su piel constelaban.

Bilhana

12
El sello

¿Cuándo veré de nuevo, firmes, plenos, tus muslos
que en defensa se cierran el uno contra el otro
para después abrirse, al deseo obedientes,
y al caer de las sedas súbito revelarme,
como sello de lacre sobre un secreto obscuro,
húmeda todavía, la marca de mis uñas?

Kishitisa

13
La invitación oblicua

Viajero, apresura tus pasos, sigue tu camino,
los bosques están infestados de fieras,
serpientes, elefantes, tigres y jabalíes,
el sol se oculta ya y tú, tan joven, andas solo.
Yo no puedo hospedarte:
soy una muchacha y no hay nadie en casa.

14
Otra invitación, menos oblicua

Aquí duerme mi anciana madre,
aquí mi padre, el viejo más viejo entre los viejos,
aquí, como una piedra, la esclava,
y aquí yo duermo, yo que por no sé qué pecado
merezco estos días de ausencia de mi esposo...
Le decía al viajero la joven casada.

Rudrata

15
Edad

Mira este cano pilar de victoria.
Gané: tus flechas, amor, ya no me tocan.

Dharmakirti

16
Campeona

Si se trata de zurcir vestidos rotos
yo no tengo rival en este mundo.
También soy maestra en el arte
de hacer rica comida con pobres condimentos.
Soy una esposa.

Vira

17
El pedagogo

No llevo cadenas
doradas como la luna de otoño;
no conozco el sabor de los labios
de una muchacha tierna y tímida;
no gané, con la espada o la pluma,
fama en las galerías del tiempo:
gasté mi vida en ruinosos colegios
enseñando a muchachos díscolos y traviesos.

18
Paz

Atravesó los ríos del deseo
y ahora, inmune a pena y alegría,
al fin limpio de impuros pensamientos,
la beatitud alcanza, con los ojos cerrados.
–¿Quién y dónde?
                    –¿No miras, viejo y fofo,
a ese fiambre tendido en su mortaja?

19
Sin fanfarria

No truena ni graniza,
no dispara relámpagos
ni desata huracanes:
esta gran nube simplemente llueve.

20
Sol y sombra

Bajo el sol impiadoso
a otros les da sombra
y para otros da sus frutos.
El hombre bueno es como un árbol.

21
Los clásicos

¿Kalidasa y los otros poetas?
Nosotros también lo somos.

La galaxia y el átomo
son cuerpos: los dos existen.

Krishnabhatta

22
Fama

–¿Quién eres?
                    –Soy la Fama.
–¿En dónde vives?
                    –Vagabundeo.
–¿Y tus amigas,
Elocuencia, Riqueza y Hermosura?
–Elocuencia vive en la boca de Brahma,
Riqueza duerme en los brazos de Vishnu,
Hermosura brilla en la esfera de la luna.
Sólo a mí me dejaron sin casa en este mundo.

23
Retórica

La belleza no está
en lo que dicen las palabras
sino en lo que, sin decirlo, dicen:
no desnudos sino a través del velo
son deseables los senos.

Vallana

24
Posteridad

Armados de sus reglas y preceptos
muchos condenan a mis versos.
No los escribo para ellos:
para esa alma gemela de la mía
que ha de nacer mañana, los escribo.
El tiempo es largo y ancho el mundo.

Bhavabhuti

La tradición

Nadie atrás, nadie adelante.
Se ha cerrado el camino
que abrieron los antiguos.
Y el otro, ancho y fácil, de todos,
no va a ninguna parte.
Estoy solo y me abro paso.

Dharmakirti

NOTAS Y COMENTARIOS
de Octavio Paz

CHINA

FOU HINAN
(217-278)

WANG WEI
(701-761)

ADIOS A YÜAN, ENVIADO A ANS-HSI. (Página 24.) El Paso de Yang, más allá de la ciudad de Wei, era el último puesto militar, en la frontera con los bárbaros (Hsieng-nu).

LI PO
(701-762)

Traducir una traducción, sobre todo en el dominio de la poesía, puede parecer una tarea vana. Casi siempre lo es. Sin embargo, uno de los libros con los que comienza la poesía moderna en lengua inglesa es *Cathay* (1915), compuesto por poemas chinos admirablemente recreados por Ezra Pound. En aquellos años Pound no conocía

el chino y, para colmo, no tenía a la mano sino un puña-
do de borradores y notas que le presentó la viuda del
orientalista Fenollosa. Este último, a su vez, se había ser-
vido de traducciones del chino al japonés. Los sinólogos
han mostrado, aquí y allá, errores de traducción, pero
ninguno de ellos ha podido negar el inmenso valor poé-
tico de esas versiones. Aunque Claudel tampoco conocía
el idioma, fue diplomático en Pekín y tradujo (¡al in-
glés!) varios poemas chinos. Valéry tradujo *Las bucóli-
cas* de Virgilio un año antes de morir, cuando tenía
setenta y dos años y, según confesión propia, «su poco
latín de estudiante se había convertido en el recuerdo de
un recuerdo...». Estos ejemplos (y otros que no cito) me
han impulsado a traducir poemas de la India antigua y
del Extremo Oriente. Ante un poema escrito en una len-
gua extraña, la afición a la poesía fácilmente se transfor-
ma en un reto y en una invitación: construir, con las pa-
labras de nuestra lengua, un poema no idéntico sino
equivalente (cito a Valéry) del original. La fascinación
aumenta si leemos al poema a través del vidrio de una
traducción.

En mis tentativas me he servido de amigos chinos
(el poeta Wai-lim Yip) y japoneses (el erudito Eikichi
Hayashiya). También de traducciones literales, como
la de David Hawkes de Tu Fu. En otras ocasiones he
tenido a la vista varias traducciones al inglés, al francés
y al italiano; por medio de la comparación y guiado no

por la filología sino por el gusto, me arriesgué a componer poemas en español. Aunque los resultados han sido variables, el esfuerzo, invariablemente, ha valido la pena. Son ejercicios que afinan la sensibilidad y estimulan la mente. Este es el caso de los dos breves poemas de Li Po que ahora ofrezco a los lectores de *Vuelta*. He utilizado las versiones de Yrving Yucheng Lo, François Cheng, Paul Jacob y Vilma Constantine. Una razón adicional para atreverme a traducir esos dos poemas es que son muy cortos –*chüe chu* cuatro líneas, cada una de cinco caracteres–, de modo que es posible reproducir, a partir de unos cuantos elementos básicos, ya que no las particularidades sintácticas y rítmicas, sí lo que es, a mi juicio, la esencia del poema breve: condensar, en unas cuantas líneas, una emoción fugitiva. Copla, haikú, epigrama: frasco de intenso perfume que, al abrirlo, al leerlo, se disipa, pero no sin antes producir en el lector una suerte de iluminación momentánea. El poema breve desaparece con rapidez y, no obstante, es persistente y regresa siempre. Sus dos alas son la sorpresa y la memoria.

México, a 16 de marzo de 1995

ANTE EL MONTE CHING-T'ING. (Página 26.) François Cheng traduce el último verso así: *Il ne reste que le mont Révérencieux (Ching-T'ing)...* El poeta parece decir que, a fuerza de contemplar al monte, ha terminado por fundirse a él. O sea: fusión mística y panteísta. Disiento de esta interpretación. Es demasiado occidental y cristiana, busca la unión con lo divino, no la comunión entre los elementos. Para Li Po, profundamente impregnado de taoísmo, el monte y él conservan, cada uno, su individualidad y conversan en el lenguaje sin palabras de la contemplación. Son dos expresiones del Gran Todo.

EL SANTUARIO DE LA CUMBRE. (Página 27.) Arthur Waley no menciona este poema en su pequeño libro (no fue uno de los mejores entre los que escribió) *The Poetry and Career of Li Po*. Por su parte, Paul Jacob indica que el poema fue grabado en la piedra de un muro de un monasterio budista, edificado en la cumbre de un monte.

TU FU
(713-770)

PRIMAVERA CAUTIVA. (Página 30.) Véase, sobre este poema y sobre Tu Fu, el ensayo «Imperios y bonetes», de *Excursiones/Incursiones*, primera parte del segundo volumen de mis *Obras completas*.

Chung wang. La mayoría traduce «Escena» o «Vista de primavera», pero yo adopto el título que François

Cheng, más fiel al espíritu que a la letra, da al poema: «Primavera cautiva». Mi versión se basa en las traducciones literales y en las transcripciones fonéticas (sistema pin-yin) de David Hawkes, Paul Demièville, Wai-lim Yip y François Cheng.

AL LETRADO WEI PA. (Página 31.) Véase el comentario «Un poema de Tu Fu» de *Excursiones/Incursiones*, primera parte del segundo volumen de mis *Obras completas*.

YÜAN CHIEH
(719-772)

HAN YÜ
(768-824)

UN ÁRBOL SECO. (Página 37.) Véase sobre este poema el comentario «Ermitaño de palo», de *Excursiones/Incursiones*, primera parte del segundo volumen de mis *Obras completas*.

LA PALANGANA. (Páginas 37.) El título es mío. El poema de Han Yü está dividido en cinco poemas sobre el mismo tema. Yo los transformé en un solo poema compuesto por cinco estrofas de cuatro versos cada una. Mi versión es muy libre. No es una verdadera traducción sino un poema escrito a partir de otro poema. Una recreación, en el doble sentido de la palabra. Véase «Un poema es muchos poemas: Claude Roy» en *Excursiones/Incursiones*, primera parte del segundo volumen de mis *Obras completas*.

PO CHÜ-I
(772-846)

TAL CUAL. (Página 39.) Véase el comentario a este poema en «Tathata: ¿tal cual, mismidad?», de *Excursiones/Incursiones*, primera parte del segundo volumen de mis *Obras completas*.

[TODAS LAS SUBSTANCIAS...] [UNA FLOR...] (Páginas 39-40.) Los dos poemas de Po Chü-i que presento no tienen título y no son muy característicos de su genio, pero muestran su fascinación, tal vez intermitente, por el pensamiento budista y la vida interior.

[UNA FLOR...] (Página 40.) Este poema alude probablemente a una experiencia interior: ¿poética, mística, filosófica? Po Chü-i no fue un poeta místico y ni siquiera religioso. A veces alude con ironía al taoísmo y al budismo, pero, al mismo tiempo, como se ve en el poema anterior, le interesó profundamente la experiencia del estado estático, central en el taoísmo y en el budismo Chan (zen). Lo que me parece característico en él –y en muchos otros poetas de Oriente y Occidente– es que esas experiencias, así sean religiosas, son siempre instantáneas: no nos dan la certeza del más allá o de la inmortalidad, sino que son como ventanas abiertas hacia el otro lado de la realidad.

TCH'EN T'AO
(768-831)

SU TUNG-P'O (SU SHIH)
(1037-1101)

[NO ME AVERGÜENZA…] (Página 46.) Este poema fue escrito en 1072, cuando Su Shih tenía 35 años. Embriaguez y vejez son temas poéticos más que realidades vividas.

CUATRO POEMAS SOBRE LA PINTURA. POEMA ESCRITO SOBRE UNA PINTURA DE WANG CHIN-CH'ING. (Páginas 50-53.) Hace más de veinte años traduje algunos poemas de Su Shih (Su Tung-p'o), gran poeta, político y enamorado de la pintura. Entre esos poemas, recogidos en la primera edición de *Versiones y diversiones* (1974), hay uno que tiene por tema una pintura de Wang Chin-ch'ing: *Neblina sobre el río Yang-tse y las colinas circundantes*. El pintor Wang Chin-ch'ing fue amigo cercano de Su Tung-p'o y sufrió la misma pena del poeta cuando este, caído en desgracia, fue desterrado en 1080. El cuadro –o más bien, rollo pintado con tinta negra– ha desaparecido, pero, gracias al poema célebre de Su Tung-p'o, su memoria perdura. El otro día, hojeando el precioso libro ilustrado que han publicado el Museo Metropolitano de Nueva York y la Universidad de Princeton (*Words and Images: Chinese Poetry, Calligraphy and Painting*, ed. Alfred Munch y Wen C. Fong, Nueva York, 1991), me encontré con una doble sorpresa: una hermosa versión caligráfica del poema y dos paisajes de dos notables pintores, ambos inspirados no en la obra perdida sino en el poema. La caligrafía es de Chao Meng-fu, que vivió dos siglos después de la muerte del poeta (1254-1322); uno de los paisajes es de Weng Cheng-ming (1470-1539) y el otro, que a mí me gusta más, de Shen Chou (1427-1509).

Su Tung-p'o fue el primer poeta que en China, como Horacio en nuestra tradición, subrayó las afinidades entre la poesía y la pintura. Es verdad que otros poetas, además de practicar la caligrafía, fueron también pintores. Entre ellos el más famoso fue Wang Wei. Sin embargo, con Su Tung-p'o aparece algo nuevo: una teoría de las relaciones entre la poesía y la pintura. Para que la pintura sea realmente un arte, dijo varias veces, tiene que ser también poesía. En un poema dice: «Poesía y pintura tienen el mismo fin... arte más allá del arte». Quiso decir: más allá de la habilidad técnica, sea el instrumento la palabra o el pincel. Para ilustrar sus ideas se me ocurrió ofrecer a los lectores de *Vuelta* la caligrafía de Chao y los dos paisajes de Weng y de Shen, así como una nueva versión al español del poema. Esta traducción difiere considerablemente de la primera. Como en otros casos, ofrezco más bien una paráfrasis del poema o, como se decía antes, una imitación. Pero una imitación en la que he procurado conservar todos los elementos del original. Me he servido de varias traducciones, entre ellas, especialmente, las de Burton Watson y Yu Min-chuan. Añadí otra pintura de Shen Chou, también en tinta negra como las anteriores: *Poeta en una colina*. No tiene relación directa con el poema, pero sí con su tema. Caligrafía, pintura y poesía: las tres perfecciones, según la crítica tradicional china.

Verso 14: El Yang-tse Kiang se llama también el río Azul. Al confundirse, en la lejanía, con el cielo, las aguas del río se vuelven realmente azules.

Versos 26 y 27: Respuesta de Su Tung-p'o al poema de Li Po, «Pregunta y respuesta»:

¿Por qué vivo en la colina verde-jade?
Sonrío y no respondo. Mi corazón sereno,
flor de durazno que arrastra la corriente.
No el mundo de los hombres,
bajo otro cielo vivo, en otra tierra.

La «flor de durazno» de los poemas de Li Po y Su Tung-p'o alude a la alegoría *Noticia de la Fuente de la Flor de Durazno* del poeta T'ao Yüanmin (T'ao Ch'ien, 365-427). Un pescador descubre accidentalmente, en las cercanías de Wu-ling, una floresta de árboles de durazno, un sitio encantado que alimenta una fuente. Hay una montaña, una caverna y, al otro lado, una comunidad de campesinos libres y felices, que viven aislados del mundo e ignorantes de los asuntos públicos. Una sociedad antes de la historia. El pescador regresa a la civilización y, aunque después intenta volver al rústico paraíso, no encuentra jamás el camino. El poema de Su Tung-p'o también es una respuesta a T'ao Ch'ien: él *sí* conoce el camino de regreso, pero *no puede* volver. Conflicto de ideas y deberes: el hombre público (Confucio) frente al poeta (taoísmo).

El paisaje de Wang Chin-ch'ing, así como los de Weng y Chou, nos muestran un momento de la naturaleza: los cambios en la atmósfera y en los montes, el furor de las cascadas y la paz del río, la gente que atraviesa el puente y la barca lejana. Todo aparece en un momento de inmovilidad. El arte de los pintores –sobre todo el de los paisajistas chinos– consiste en hacernos ver que esa inmovilidad es ilusoria: la naturaleza está en perpetuo movimiento. Pero el poema de Su Tung-p'o vuelve explícitos esos cambios que la pintura sólo insinúa: el horizonte se aclara, aparecen las colinas y los bosques, las cascadas saltan de los peñascos y mezclan sus aguas a las del gran río. Más adelante, en ocho versos, el poeta evoca el tránsito de las cuatro estaciones. El poema, al terminar, rompe bruscamente con la manera descriptiva y nos presenta un conflicto ético y filosófico: el ideal confuciano del hombre público frente al del sabio que renuncia al mundo y escoge la vía solitaria de unión con la naturaleza. Las pinturas no reflejan los cambios del mundo natural y menos aún el conflicto ético y psicológico. Y en esto reside la gran diferencia entre la literatura (la poesía) y las artes no verbales.

México, a 19 de marzo de 1995

LI CH'ING-CHAO
(1084-1151)

Según la opinión general, Li Ch'ing-chao es uno de los grandes poetas de China; para encontrar a sus pares hay que pensar en los clásicos, es decir, en una media decena de nombres: T'ao Ch'ien, Wang Wei, Li Po, Tu Fu, Po Chü-i, Su Tung-p'o y dos o tres más. En cuanto a las otras poetisas: muchas son notables, pero ninguna puede rivalizar con ella. Li nació en 1084 y murió en 1151. Su vida coincide con el fin del Imperio Sung, en el norte, y con su reconstrucción en el sur. Un período de guerras, ocupación extranjera, poblaciones enteras que huyen hacia el sur ante la embestida de los tártaros Chin y otros desastres; al mismo tiempo, un gran florecimiento de las artes, la pintura, la caligrafía y la poesía.

Li venía de una familia de letrados de modestos recursos, pero distinguida por sus méritos intelectuales. Su padre fue amigo y partidario de Su Tung-p'o, poeta, pintor y estadista. Su madre alcanzó alguna notoriedad poética. Joven, a los dieciocho años, Li se casó con un joven e inteligente letrado: Chao Ming-ch'eng. Fue una pareja bien avenida y su vida transcurrió, durante más de veinte años, entre los placeres de la literatura, las excursiones, el arte, la música, el coleccionismo y la amistad con otros letrados y poetas. La única nubecilla: la rivalidad política entre el padre de Li y el de Chao. El segundo pertenecía a la facción enemiga de Su Tung-p'o, llamada de los «reformadores»; al tomar el poder, los «reformadores» destituyeron al padre de Li, que era prefecto en alguna provincia. En cambio, el padre de Chao llegó a ocupar el puesto de Primer Ministro.

Ninguno de estos incidentes alteró gravemente el equilibrio de la vida de Li y de Chao. Amantes de las antigüedades, coleccionaron sellos, bronces, manuscritos, caligrafía y pinturas. Su colección de objetos y su biblioteca, según dicen sus biógrafos, llenaban diez salas. Se debe a Chao Ming-ch'eng el mejor estudio de epigrafía e historia de esas antigüedades. Pero en 1127 los Chin avanzaron y ocuparon con relativa celeridad el norte de China. Li y Chao, como miles de refugiados, huyeron y buscaron refugio en el sur. Su casa fue incendiada y destruida su colección.

En el sur, donde la dinastía Sung se defendía mal que bien de los Chin, la pareja encontró acomodo y Chao, en 1129, fue nombrado prefecto de una ciudad alejada. Nuevo infortunio: Chao murió antes de llegar a su punto de destino; Li lo había seguido y de pronto se encontró viuda, sin grandes recursos y ya no muy joven. Durante unos años vivió una vida errante de ciudad en ciudad, vendiendo las pocas antigüedades que había logrado salvar de la destrucción de su colección. Al fin, en 1134, llegó a la capital de los Sung del sur. Era una figura literaria muy conocida y estimada, pero, tal vez debido a sus dificultades materiales, dejó la capital y se instaló con su hermano menor en una ciudad vecina. Se conoce mal este último período de su vida. Sabemos que se volvió a casar; el matrimonio fue infortunado y duró poco. También fue acusada de haber colaborado con los Chin; salió absuelta del proceso. Murió, probablemente, en 1151, ya de edad avanzada.

Li Ch'ing-chao es una gran poetisa del amor: uniones y separaciones, intensidad del placer, nostalgia, refinamientos de la coquetería, ausencias, el sentimiento de la naturaleza y, más poderoso aún, el del tiempo que pasa. La visión del amor está indisolublemente asociada a la de la muerte; el goce de la presencia a la desdicha de la ausencia. Su posición oficial obligaba a Chao a ausentarse con cierta frecuencia, de modo que en la poesía de Li las quejas por la lejanía de la persona querida no son un recurso retórico, sino que expresan una realidad muchas veces vivida. Las ausencias, así sean cortas, son propicias a la nostalgia y a la aprehensión del fluir irrevocable del tiempo, dos notas constantes en sus poemas. La poetisa resuelve todos estos contrastes psicológicos de una manera sintética, oblicua, alusiva y siempre en una forma límpida y refinada. Doble fuente de la poesía de Li Ch'ing- chao: la intensidad de sus experiencias vitales y la presencia constante de la tradición poética de China. Un lenguaje apasionado sin ser jamás vulgarmente sentimental y en el que, admirablemente, se funden la confidencia y la reticencia. También es notable la manera en que describe los objetos y los incidentes de la vida cotidiana que rodeaban a una mujer de su clase: el ramo de flores de ciruelo, la luna penetrando en la habitación, el peine confidente de su desvelo o de su angustia, el recuerdo de un paseo en barco, el kiosco de los transportes eróticos... Y el vino. No es extraña su continua mención en los poemas de Li: el vino forma parte de la tradición literaria de China. No es la borrachera a lo occidental sino ese licor mágico que excita el entusiasmo o la tristeza, el abandono o la caída en nosotros mismos. Li no es una poetisa metafísica e intelectual, como sor Juana. Tampoco una mística. Su experiencia de lo sagrado es la experiencia humana por excelencia: la del amor.

Poetisa del amor, Kenneth Rexroth la ha comparado a dos grandes poetisas eróticas de nuestra tradición: Gaspara Stampa y Louise Labée. Yo añadiría un tercer nombre: Safo. Sin embargo, dos notas separan a la poesía de Li de la de sus hermanas de Occidente. La primera es que en ningún momento aparece en sus poemas la división entre el cuerpo y el espíritu. La lírica de Occidente está impregnada de platonismo; Li ve como una totalidad al cuerpo y a la mente. La segunda: no hay celos ni recriminaciones. Fusión entre el amor carnal y el espiritual, fusión de la pasión erótica y la vida conyugal. Naturalmente, hay que leer sus poemas con cierta reserva. No son confesiones ni documentos sino creaciones poéticas que, por más personales que sean sus expansiones, se ajustan a un modelo y a una tradición. No obstante, en un punto crucial, la poesía de Li Ch'ing-chao se aparta radicalmente de la tradición poética china: la imagen de la mujer que aparece en sus poemas –ella misma– no es la estereotipada de una víctima pasiva abandonada por su infiel señor, sino la de una mujer con voluntad propia. Cierto, vive dolida por la ausencia *involuntaria* (lo subrayo) del ser querido; agrego que está unida a él en igualdad de circunstancias: el libre albedrío, la comunidad de gustos e inclinaciones. Amor intelectual, amor físico y ternura. Está enamorada, sí, pero sabe también que es una mujer amada.

Li dejó unos seis volúmenes de poesía; conocemos sólo una pequeña parte pues la mayoría de sus poemas fueron víctimas del tiempo y sus accidentes, entre ellos el mayor de todos: la barbarie y la incuria de los hombres. Con la excepción de un grupo reducido de poemas escritos en metros clásicos fijos, lo que tenemos de ella es un conjunto de composiciones, no llegan a sesenta, escritas en metros irregulares y destinadas a acompañar antiguas tonadas extranjeras (*Tzu*). Fue un género muy popular en el período Sung y en el que sobresalieron algunos grandes poetas, como Su Tung-p'o. Mi selección es brevísima: cinco poemas y uno más de dudosa atribución. Suprimí los títulos, que son los de las canciones, porque no le dicen nada al lector moderno, incluso si es de lengua china. Una excepción: conservé el título del poema sexto, «Labios rojos pintados», por una razón que el lector comprenderá fácilmente. Es un poema de ocho líneas que describe con gracia y economía una escena de extraña ambigüedad. La protagonista es una mujer muy joven y por esto algunos piensan que su tema son las idas y venidas de una adolescente que descubre la sexualidad. Pero hay otra interpretación, tal vez más exacta: se trata de una joven prostituta. La mención del juego del columpio con sus subidas y bajadas alude al acto sexual; el visitante que se presenta de improviso es un cliente. En suma, es una escena de burdel, pero escrita con tal maestría que provoca, simultáneamente, nuestra perplejidad y nuestra simpatía. Todo está dicho y nada se ha dicho. Por su asunto, muchos opinan que este poema no puede ser de Li; otros críticos, en cambio, encuentran que su perfección es una razón para pensar que sí es de ella. Es imposible para mí participar en este debate. Me limito a señalar la maestría, la rapidez del trazo y el amor por los detalles que, sin decir nada expresamente, construyen una situación de singular y ambiguo encanto. Mis versiones están basadas en las de Eugene Eoyang, Liang Paitchin, Kenneth Rexroth y Li Ch'ung, K.Y. Hsü, C.H. Kwôck y Vicent McHugh.

México, a 22 de octubre de 1996

FAN-KH'I
(Siglo XIV)

JAPÓN

Tanka y Haikú

Véase, sobre la literatura japonesa, los ensayos: «Tres momentos de la literatura japonesa», «La tradición del haikú» y «El sentimiento de las cosas: *Mono no Aware*», recogidos en *Excursiones/Incursiones*, primera parte del segundo volumen de mis *Obras completas*.

KAKINOMOTO HITOMARO
(*c*. 700)

EL MONJE MANZEI
(Fines del siglo VIII)

ARIWARA NO NARIHIRA
(825-880)

[SIEMPRE LO SUPE.] (Página 63.) Pensamiento de un moribundo –¿el poeta mismo?

EX EMPERADOR YOZEI
(870-?)

EMPERADOR UDA
(867-931)

[CRESTA DE OLA.] (Página 64.) También se atribuye
este poema a Ki no Tsurayuki.

KI NO TSURAYUKI
(882-946)

[LUNA EN EL AGUA.] (Página 66.) Último poema de Ki
no Tsurayuki.

ONO NO KOMACHI
(Mediados del siglo x)

BUNYA YASUHIDE
(Siglo x)

IZUMI SHIKIBU
(Siglos X-XI)

[DE LA NEGRURA.] (Página 69.) Último poema de Izumi Shikibu. Verso 5: Luna=Buda.

NOIN HOSHI
(988-?)

TSUMORI KUNIMOTO
(1023-1103)

EL MONJE SAIGYO
(1118-1190)

[TODAS LAS COSAS.] (Página 70.) Verso 4: Luna=Buda.

FUJIWARA NO SADAIE
(1162-1242)

REIZE TAMEHIDE
(?-1372)

YAMAZAKI SOKÁN
(1465-1553)

ARAKIDA MORITAKE
(1473-1549)

MATSUNAGA TEITOKU
(1571-1653)

NISHIYAMA SOIN
(1605-1682)

MATSUO BASHO
(1644-1694)

ENAMOTO KIKAKU
(1661-1707)

MUKAI KYORAI
(1651-1704)

KAWAI SORA
(1649-1710)

HATTORI RANSETSU
(1654-1707)

YOSA BUSON
(1716-1783)

[DAMA DE NOCHE.] (Página 83.) *Dama de noche* es el nombre de la flor que se llama en España *dondiego* y en México *huele de noche*.

OSHIMA RYOTA
(1718-1787)

KOBAYASHI ISSA
(1763-1827)

EL MONJE RYOKAN
(1757-1831)

MASAOKA SHIKI
(1867-1902)

TAKAHAMA KYOSHI
(1874-1959)

INDIA

Kavya

En los últimos meses del año pasado escribí un libro, *Vislumbres de la India*. Pagué así, como en el caso de *La llama doble*, una deuda contraída conmigo mismo hace muchos años. Mientras escribía, recordaba mis viejas lecturas sobre el arte y la civilización de esa nación o, más bien, conglomerado de pueblos, culturas, lenguas y religiones. Entre esas lecturas estaba la de los libros, no son muchos, dedicados a la poesía sánscrita clásica (*Kavya*). Volví a leer algunos de ellos. Decidí entonces traducir unos cuantos de esos poemas. Lo hice en parte por gratitud y en parte por divertimento. Comunicar el placer que hemos experimentado al leer ciertos poemas es también, en sí mismo, otro placer. Además, fue una suerte de contraveneno de la lectura de nuestros diarios que, durante estos días desdichados para nuestro país, aparecen con noticias terribles y denuncias, unas justas, otras injustas. La indignación es sana pero el odio envenena.

La poesía sánscrita clásica es poco conocida en Occidente y aún más entre nosotros. La atención de los eruditos, los traductores y los exégetas se ha concentrado en los grandes libros filosóficos y religiosos, en los poemas épicos (el Mahabhárata y el Ramáyana) y en la gran mina de los cuentos y los apólogos. En cambio, la poesía clásica ha sido vista con cierta indiferencia, al contrario de lo que ha ocurrido con la china y la japonesa. Sin embargo, esa poesía, que va del siglo IV al XII, es contemporánea del mediodía de la civilización de la India antigua, es decir, de los templos, las esculturas y las pinturas que hoy suscitan la admiración universal. A principios del siglo pasado, Goethe y los románticos alemanes, especialmente Friedrich Schlegel, descubrieron a Kalidasa y a otros poetas, pero su entusiasmo no se propagó y fueron la filosofía y la religión las que ejercieron en Occidente una duradera y profunda influencia. Apenas si debo recordar los casos de Schopenhauer, Nietzsche, Emerson, Whitman e incluso Mallarmé. Desdén poco explicable y, sobre todo, injusto.

El sánscrito clásico, dice Louis Renou, es «un instrumento simple y preciso tanto por su morfología como por su sintaxis». Fijada por Panini (¿siglo V?), en el curso de los siglos esta lengua experimentó cambios notables, «no en su gramática sino en el estilo, sobre todo en la poesía: el orden de las oraciones se vuelve arbitrario» (como en la poesía de Góngora y su círculo), «las frases se alargan [...] el repertorio de metáforas y comparaciones se enriquece y abundan los juegos de palabras y las

131

frases de doble sentido». La poesía clásica, a un tiempo sutil y compleja, fue escrita para una minoría de cortesanos, brahmanes y guerreros, esto es, para una aristocracia refinada y sensual, amiga de las especulaciones intelectuales y de los placeres de los sentidos, especialmente los eróticos. El sánscrito clásico fue una lengua hablada por una minoría culta, al lado de las hablas y dialectos populares (*prakriti*). Expresión y vehículo de esta realidad lingüística, la poesía de la India antigua posee las mismas virtudes y limitaciones: inmensa riqueza de vocabulario, sintaxis compleja, aptitud y flexibilidad para fusionar en uno solo varios vocablos e ideas, como en el alemán, pero con mayor abundancia y complicación.

Se distinguen tres modos o géneros: el poema extenso, *maha-kavya*, que relata una historia real o, más frecuentemente, mitológica, el teatro y el poema corto, *kavya* propiamente dicho. La gran figura del *maha-kavya* es Kalidasa, el poeta que impresionó, entre otros, a Goethe (lo conoció en una traducción al alemán de la versión inglesa del orientalista William Jones). He leído buenas traducciones de Kalidasa en inglés y en francés, como la del *Nacimiento de Kumara*, que ha sido traducido con pericia al inglés por Barbara Stoler Miller y al francés por Bernardette Tubine. Naturalmente, Kalidasa no es un caso aislado, pero sería ocioso citar a los otros poetas que, durante más de ocho siglos, escribieron estos poemas que la crítica llama «épica culta». La expresión hace pensar en los poemas épicos de Tasso y de Ariosto; sin embargo, tanto por sus asuntos mitológicos como por su extensión, a mí me parecen más cercanos a las «fábulas» de nuestros siglos XVI y XVII, como el *Polifemo* de Góngora y el *Faetón* de Villamediana. En cuanto al teatro: la figura central de nuevo es Kalidasa, autor de una obra capital: *Sakuntala*. El teatro cuenta también con comedias, algunas encantadoras, como *El carro de arcilla*, que, si no me equivoco, inspiró a Nerval en una de sus tentativas teatrales y que después ha sido adaptada a la escena moderna por Claude Roy. Una pieza de teatro del poeta Vishakadatta, *El sello del anillo de Rakhasa*, convertida en leyenda y recogida por Richard Burton, le sirvió a Hawthorne para escribir un cuento, *La hija de Rappaccini*, y a mí para componer un poema dramático.

El tercer género, el poema corto (*kavya*), es muy abundante y variado. Sus temas son los de la vida misma: los dioses, la moral, la naturaleza, la juventud, la riqueza, la vejez, la pobreza, la muerte y, sobre todo, el amor y los juegos eróticos. Toda la humana comedia. La extensión de cada poema oscila entre dos y seis versos. Abundan los de cuatro líneas. Como la griega y la latina, la poesía sánscrita es cuantitativa (combinación de sílabas largas y cortas) y no usa sino excepcionalmente la rima, pero es rica en aliteraciones, paranomasias y juegos de sonidos y de sentidos. Las figuras de lenguaje (*alamkara*) son numerosas y fueron estudiadas por los críticos indios minuciosamente y con gran sutileza. En los tratados de poética aparece una categoría estética difícil de definir en una lengua occidental: *rasa*. La palabra quiere decir «sabor» pero Ingalls, con buen juicio, prefiere traducirla por *mood*. ¿Y en español? ¿Talante, humor, estado de ánimo? *Rasa* es todo eso y más: «gusto». No nada más sabor ni sensación sino «sensibilidad para apreciar las cosas bellas y criterio para distinguirlas» (María Moliner, *Diccionario de uso del español*). Los europeos que han escrito con mejor gusto sobre el gusto son los franceses, sobre todo los prosistas del XVIII y algunos poetas del XIX, como Baudelaire.

Reveladora coincidencia: lo mismo los poetas de la India antigua que los autores franceses de la segunda mitad del siglo XVIII, pienso sobre todo en los novelistas libertinos, no usan palabras gruesas y evitan casi siempre la mención explícita de los órganos genitales. La excepción serían Restif de la Bretonne y Sade, aunque en este último aparecen, al lado de períodos de lenguaje brutal, nunca o casi nunca coloquiales, otros que son filosóficos e históricos. Una de las obras más célebres de la novela libertina del XVIII se llama, precisamente, *Thérèse philosophe*. En Laclos el erotismo es mental y el autor nos muestra no tanto lo que sienten los personajes como lo que piensan al sentir o al ver sentir a su pareja-víctima. En la pequeña obra maestra de Vivant Denon, *Pas de lendemain*, traducida con tanta felicidad por Aurelio Asiain (Editorial Vuelta, 1994), y sobre la que apenas si se ha detenido nuestra miope crítica, la limpidez clásica del lenguaje, recorrido por un secreto estremecimiento que anuncia al romanticismo, hace aún más equívoca y ambigua la relación erótica. Algo semejante puede decirse de muchos poemas breves en sánscrito clásico. Ni en una ni en otra tradición esta reserva se debía a una preocupación moral sino estética. Era una cuestión de gusto. Exactamente lo contrario de lo que ocurre en la literatura moderna.

Otra cualidad que destacan los críticos indios: la sugerencia. No hay que decirlo todo: el poema está en lo no dicho. En esto los poetas de la India clásica podrían parecerse a los simbolistas europeos o a los chinos y los japoneses. Pero el parecido con estos últimos es engañoso: el espíritu del sánscrito, como el del griego y el latín, es explícito y enfático. El encanto mayor de la poesía china y de la japonesa consiste, precisamente, en su admirable reticencia, algo muy difícil de lograr en una lengua indoeuropea. Una tercera característica: la impersonalidad. Se trata de un rasgo que comparten todos los clasicismos, sin excluir al europeo, y también la poesía barroca. Para el poeta clásico la poesía es arte, no confesión. El autor no expresa sus propios sentimientos sino los de los personajes de sus poemas: el amante, la muchacha abandonada, el héroe. Nada menos romántico que la poesía *kavya*: la originalidad del poema no está en la expresión de sus sentimientos y pensamientos sino en la perfección y la novedad de sus giros e imágenes. Hay excepciones, claro, como la de Bhartrihari, en la que la voz del poeta se filtra, por decirlo así, a través del cedazo del lenguaje. También en el irónico y sensual Dharmakirti, que al mismo tiempo fue un severo filósofo (¿o por eso mismo?), hay de pronto relámpagos de una intimidad pasional que rompe las convenciones del género. La regla general, sin embargo, es la impersonalidad. Vale la pena aclarar que impersonalidad no es sinónimo de inautenticidad. El arte verdadero transciende, simultáneamente, al mero artificio y a la expansión subjetiva. Es objetivo como la naturaleza, pero introduce en ella un elemento que no aparece en los procesos naturales y que es propiamente humano: la simpatía, la compasión.

Aunque las pérdidas han sido grandes –los rigores del clima, el monzón, los insectos, las guerras, las invasiones y el letargo de la civilización hindú desde el siglo XIII–, han sobrevivido muchos poemas. Hay conjuntos de poemas breves, formados por cien o más composiciones (centurias) sobre un tema o varios. Estas centurias son a veces obra de un solo poeta, pero con frecuencia, como en los casos de Amaru y Bhartrihari, se trata de atribuciones: no pocos de esos poemas son de otros autores. La centuria de Amaru (¿siglo VII?) es predominantemente erótica y es muy estimada. Fue traducida al español por Fernando Tola, al que debemos otras traducciones de textos budistas. También son justamente famosas las tres centurias de Bhartrihari. Contamos con la excelente versión al inglés de Barbara Stoler Miller. Cada una de estas tres colecciones está compuesta por más de cien poemas y, como ya dije, no todos son de Bhartrihari. La primera se refiere a un tema actual: el intelectual y el príncipe (pero el poeta no nos dice nada nuevo ni original); la segunda centuria –muy superior a la primera– al amor; y la tercera, asimismo notable, a la vida religiosa.

Por último, las antologías. La más famosa –y la fuente de este trabajo– es la del monje budista Vidyakara, un bengalí de fines del siglo XI. Según el erudito D. D. Kosambi, descubridor de la antología en una vieja biblioteca de Katmandú, Vidyakara fue un alto dignatario del monasterio budista de Jagaddala, que es hoy un montón de piedras. No sabemos nada o casi nada de Vidyakara, pero su antología revela gusto poético y un espíritu abierto y tolerante. Aunque mostró preferencia, observa Ingalls, por los poetas de su región y de su época (700-1050), en su antología aparecen no sólo poemas dedicados al Buda y a los bodisatvas sino a los dioses brahmánicos: Shiva, Vishnu, Párvati y otros. Los poemas de temas eróticos, un amor inseparable del cuerpo y de sus encuentros con otros cuerpos, componen la mayor parte de la antología.

No es extraño que un monje budista incluya en una antología poemas eróticos. La alianza entre el erotismo y la religión, particularmente intensa en el hinduismo, aparece también en el budismo, por ejemplo en los grandes santuarios de Sanchi y Karli. Ahora bien, subrayo que lo característico de la poesía *kavya* y de la antología de Vidyakara es la naturaleza totalmente profana de la mayoría de esos poemas. La veneración por los dioses, casi siempre implícita, no opera como una censura. No se trata de erotismo religioso o místico, como en los poemas de San Juan de la Cruz o en los que, en la India, cantan los amores del dios Krishna con la vaquera Radha. No hay nada religioso en todos esos poemas que exaltan al cuerpo y a sus poderes. Los temas eróticos no son los únicos; figuran asimismo la naturaleza y sus fenómenos, la vida diaria con sus alegrías y sus penas, sin olvidar a la muerte. La antología se llama *Subhasitaratnakosa*, que Ingalls traduce por *Treasury of Well Turned Verses* y nosotros, en español, por *Tesoro de poemas memorables*[1].

1. Los editores del texto sánscrito fueron D. D. Kosambi y V. V. Gokhala, Harvard Oriental Series 42, 1957. La traducción de Daniel H. H. Ingalls apareció, en la misma serie, núm. 44, bajo

El *Tesoro de Vidyakara* está compuesto por mil setecientos veintiocho poemas, un número inferior al de la *Antología palatina*. Sin embargo, el parecido entre las dos obras es extraordinario: la brevedad y la concisión, la ironía y la sensualidad, la multiplicidad de temas y el cuidado por el detalle característico, la presencia de la muerte y la burla o la reflexión que provoca en nosotros, la familiaridad y el artificio, las repeticiones innumerables y las sorpresas súbitas. La forma plena y bien dibujada hace de cada poema una miniatura exquisita o un camafeo verbal. Poesía que se graba en la memoria y que, alternativamente, nos hace sonreír y reflexionar.

Los poemas breves en sánscrito clásico son, como los de los griegos y los latinos, *epigramas*. Esta palabra no quiere decir únicamente poema breve, satírico o ingenioso, sentido que le dan nuestros diccionarios. El significado es más amplio: composición que expresa en unos pocos versos las peripecias de los hombres, sus sensaciones, sus sentimientos y sus ideas. Por esto, a pesar de haber sido escritos hace más de mil años, estos poemas son *modernos*. La suya es una modernidad sin fechas. Las civilizaciones nacen, crecen y desaparecen; una filosofía sucede a otra; el ferrocarril desplaza a la diligencia

---

el título de *Anthology of Sanskrit Court Poetry*. Posteriormente, en 1965, Ingalls publicó en Harvard University Press una muy amplia selección de la antología: *Sanskrit Poetry*.

y el avión al ferrocarril; el fusil substituye al arco y la bomba al fusil... pero los hombres cambiamos poco. Las pasiones y los sentimientos apenas si se transforman. Aunque un ateniense del siglo v a.C. o un chino del IX se sorprenderían ante el teléfono y la televisión, comprenderían los celos de Swann, la flaqueza de Dimitri Karamázov ante las tentaciones o los éxtasis de Constanza y el guardabosque Mellors. La naturaleza humana es universal y perdurable, es de todos los climas y de todas las épocas. Este es el secreto de la perennidad de ciertos poemas y de algunos libros.

Mi selección –mejor dicho: pobre muestra– se basa principalmente en la antología de Ingalls. Me hubiera gustado utilizar las traducciones de John Brough (*Poems from the Sanskrit*, Londres, 1969), notables por su perfección métrica, pero el uso de la rima me habría alejado demasiado del texto original. Veintitrés poemas de los veinticinco que escogí vienen del libro de Ingalls; otro más, «Las dos vías» (número 1), de la traducción de Barbara Stoler Miller de los poemas de Bhartrihari (1967), y otro, «Arriba y abajo» (número 11), de la traducción al francés de Amina Okada del libro de Bilhana (¿siglo XI?), *Poèmes d'un voleur d'amour* (1988). Algunos de los poemas que he traducido son pasionales y otros ingeniosos, unos risueños y otros sarcásticos. Ejemplo de esto último es el número 18, «Paz», pesimista negación tanto de la liberación (*moksha*) que nos ofrece el hinduismo como de la iluminación budista (*nirvana*). Por cierto, en el número 6, «La lámpara ruborosa», hay un juego levemente blasfemo: la palabra *nirvana* quiere decir «extinción» y asimismo la beatitud de aquel que ha roto la cadena de las transmigraciones. En el número 5, «La nueva ciudadela», y en el número 10, «El tallo», hay una palabra que necesita una explicación: *romavali* (hay que pronunciarla como se escribe) significa la delgada línea de vello que sube del pubis y llega a unas pulgadas antes del ombligo. Era una marca de belleza y el signo del tránsito de la adolescente a la madurez sexual.

Según ya indiqué, la crítica y la teoría estética son parte esencial de la tradición poética de la India clásica. Incluso puede decirse que poesía y crítica son inseparables, como puede verse en muchos poemas de la antología de Vidyakara. De ahí que haya agregado a mi selección inicial otros cinco epigramas que se refieren expresamente a la poesía y a los poetas. Los traduje un poco antes de los otros, en 1993, para leerlos en un recital de poetas jóvenes organizado por la revista *Vuelta*. Los cinco epigramas son los siguientes: «Los clásicos» (21), «Fama» (22), «Retórica» (23), «Posteridad» (24) y «La tradición» (25). Tres de ellos –los números 21, 23 y 25– fueron publicados en *Vuelta* (número 81, junio de 1994) bajo el título: «Avisos a los poetas jóvenes». El epigrama número 22, «Fama», requiere una breve explicación. Vidyakara no lo incluyó en la sección dedicada a los poetas sino en otra consagrada a la Fama. Está formada por breves poemas que son panegíricos de reyes y de héroes. El primer verso de este epigrama literalmente dice: «–¿Quién eres? Soy la Fama de Kuntalamalla». El profesor Ingalls nos informa, puntualmente, que Kuntalamalla fue un rey. Así pues, el sentido del poema es claro: desaparecido el rey, no ha nacido aún nadie digno de conquistarla y hacerla suya. Por esto su fama vaga por el mundo para encontrar a alguien que sea como el heroico rey. Al suprimir el nombre de Kuntalamalla, que no significa nada para la inmensa mayoría de los lectores modernos del poema, di una connotación negativa a la Fama y transformé al panegírico en sátira. Al mismo tiempo, extendí su significado: ya no se refiere únicamente a los monarcas y a los guerreros sino a todo el género humano y, sobre todo, a los artistas y a los poetas. Fui infiel, lo confieso, al texto y al autor; al mismo tiempo, fui fiel al pensamiento y a la tradición indias, en sus dos ramas, la brahmánica y la budista, que ven en la impermanencia el defecto cardinal del hombre y de todos los entes. La Fama es la impermanencia en persona. Fui también fiel al espíritu de cierta tradición poética, representada en mi selección por el poema de Bhavabhuti: «Posteridad».

Desconocemos los nombres de los autores de los poemas 2, 3, 6, 8, 10, 13, 17, 18, 19, 20 y 22; o sea, más de la tercera parte del total. No es extraño. Sabemos poquísimo, salvo el nombre y, a veces, el siglo en que vivieron, de las vidas de los poetas que escribieron en sánscrito clásico. Ya me referí a las destrucciones de la naturaleza y a los actos no menos devastadores de los hombres: guerras, conquistas, incuria. Debe agregarse otra circunstancia: el genio metafísico de la India. Desdeñó siempre a la historia, en la que veía la imagen misma de la impermanencia: el contrario de los chinos, enamorados no de las esencias intemporales sino del pasado, que concebían como el arquetipo del presente y del futuro. La literatura china es rica en noticias acerca de los poetas. Abundan las biografías de Tu Fu, Li Po, Po Chü-i o Su Tung-P'o, pero sería imposible escribir una vida de Kalidasa o de Bhartrihari. Termino: mis traducciones son traducciones de traducciones y no tienen valor filológico. Quise que tuviesen, por lo menos, algún valor literario y aun poético. El lector decidirá. En fin, los títulos son míos: flechas de indicación.

México, a 26 de enero de 1995

NOTA ADICIONAL

Con el objeto de completar un poco las páginas que dedico a la poesía de la India antigua en *Vislumbres de la India*, he agregado una brevísima muestra de poemas cortos. Seis de los poemas incluidos aparecen también, comentados, en «La *ápsara* y la *yakshi*». Los he repetido para no dañar la unidad del conjunto. Reproduzco la selección publicada en la revista *Vuelta*, núm. 220, marzo de 1995, pero he añadido cinco epigramas más cuyos temas son la vida literaria y la poesía misma. La muestra comienza con una Erótica y termina con una Poética.

Índice

Versiones de Oriente

CHINA

JAPÓN
Tanka y haikú

INDIA
Kavya (Poesía sánscrita clásica)

Títulos publicados

Clara Janes, *Movimientos insomnes. Antología poética 1964-2014,* selección e introducción de Jaime Siles, 2015.

Chantal Maillard, *Lo que el pájaro bebe en la fuente y no es el agua. Poesía reunida 2004-2020,* estudio preliminar de Virginia Trueba Mira, posfacio de Miguel Morey, 2022.

Boris A. Novak, *El jardinero del silencio y otros poemas,* selección y prólogo de Laura Repovš, traducción de Laura Repovš y Andrés Sánchez Robayna, 2018.

Blas de Otero, *Obra completa (1935-1977),* edición de Sabina de la Cruz con la colaboración de Mario Hernández, 2013.

Pier Paolo Pasolini, *La insomne felicidad. Antología poética,* edición bilingüe, selección y traducción de Martín López-Vega, 2022.

Saint-John Perse, *Obra poética (1904-1974),* edición bilingüe, traducción del francés de Alexandra Domínguez y Juan Carlos Mestre, 2021.

VV.AA., *Floreced mientras. Poesía del Romanticismo alemán,* edición bilingüe de Juan Andrés García Román, 2017.

Derek Walcott, *Otra vida,* edición bilingüe de Luis Ingelmo, 2017.

Walt Whitman, *Hojas de hierba,* traducción e introducción de Eduardo Moga, 2014.